Advent
zwischen Tür & Angel

24 Atempausen
für Frauen

echter

Bibliografische Information der Deutschen Nationalbibliothek

Die Deutsche Nationalbibliothek verzeichnet diese Publikation in der Deutschen Nationalbibliografie; detaillierte bibliografische Daten sind im Internet über <http://dnb.d-nb.de> abrufbar.

www.echter-verlag.de
Umschlag und Gestaltung: Christine Eisner, Würzburg (Fotos: gettyone)
Bilder Innenteil: Ingrid Schreiner
Druck und Bindung: fgb · freiburger graphische betriebe GmbH & Co. KG
ISBN 978-3-429-03267-8

Für meine Eltern,
meine Töchter,
meine Freundinnen.

Advent zwischen Tür & Angel

Schnell noch ein Pausenbrot schmieren, eine E-Mail schreiben, ein Telefongespräch führen.
Schnell noch in die Dusche springen, den Einkaufszettel vervollständigen, die Bürotasche packen.
Schnell noch dem Partner eine Nachricht hinterlassen, die Waschmaschine anstellen, eine Idee für den Kindergeburtstag aufschreiben.
Schnell noch der Nachbarin den Schlüssel vorbeibringen, der Freundin zuhören, den Steuerberater anrufen.
Schnell noch den Adventskranz schmücken, ein Protokoll schreiben, die Wohnung putzen.
Schnell noch die Verwandtschaft einladen, im Reisebüro nachfragen, das Gedicht für die Adventsfeier kopieren.
Schnell noch die Weihnachtsgrüße verschicken, Geschenke einkaufen, die Wäsche aufhängen.
Schnell noch Termine mit Kollegen vereinbaren,

mit der Familie zu Abend essen, Kindertränen trocknen.
Schnell noch kurz in sich gehen, gedanklich schon mal in die nächste Woche wandern, mit der Liste unerledigter Dinge vor Augen einschlafen ...

Vieles in unserem Alltag passiert zwischen Tür und Angel. Unsere Zeit ist oft so ausgefüllt, dass es nicht anders möglich ist. Alles will getan und bewältigt werden. Und manchmal bleibt nur der Raum zwischen Tür und Angel für die Dinge, die uns über das Alltägliche hinaus auch noch wichtig sind.

Der Advent will in diesen kurzen Momenten durch die offene Tür zu uns hereinschlüpfen. Zwischen Tür und Angel kann er für kurze Zeit in unseren Herzen Platz nehmen. Und wer weiß. Vielleicht bleibt er länger.

1

Innere Lichter entdecken

Advent, das ist die Zeit der Lichter. Straßen und Häuser sind geschmückt. In den Wohnungen brennen Kerzen. Lichterketten verzaubern Bäume und Plätze. Ich genieße das Glitzern der vielen kleinen Lichtpunkte in dieser dunklen Jahreszeit. Sie machen die Welt und mein Herz immer ein wenig heller und freundlicher. Nein, ich meine nicht die schrillroten kletternden Nikoläuse an den Fassaden vieler Häuser. Auch nicht die schillernden Eisbärenlampen oder die blinkenden Rentiere in den Vorgärten. Ihre Wirkung auf mich ist eher ernüchternd und meine Stimmung wird durch diese grellbunten Blinklichter eher unterkühlt als erwärmt.

Die kleinen Lichter sind es, die mich faszinieren. Die erste Kerze am Adventskranz, das Teelicht in der Duftlampe oder der bescheidene Lichterbogen auf der Fensterbank. Immer, wenn ich darüber nachsinne, warum ich diese kleinen Lichter so liebe, tauchen in meiner Erinnerung Bilder aus Kindertagen auf. Ich stehe vor der geschlossenen Wohnzimmertür und blinzele durch das Schlüsselloch. Es ist nur eine Ahnung, die mich beschleicht, nämlich, dass sich hinter dieser Tür das Christkind, der neugeborene Jesus verbirgt. Wenn ich jetzt die Augen schließe, sehe ich noch mehr. Die Tür meiner Erinnerung öffnet sich. Maria hält ihr Kind im Arm und schaut es mit leuchtenden Augen an. Ich sehe und spüre, wie dieses Leuchten sich in den Augen des Kindes widerspiegelt. In diesem Moment sind diese Augen das hellste, ist dieses Kind das schönste Licht der Welt. Ein Licht, das nur in meinem Innern leuchtet. Die Gedanken daran erwärmen mir noch heute Herz und Seele.

*

Könnte ich auch JA sagen,
wenn Gott käme
und sagte:
Gesegnet bist du.
Ich habe Großes mit dir vor?

Wäre ich offen genug?
Wäre ich stark genug?

Könnte ich einfach so JA sagen
im Vertrauen darauf,
dass es gut
und richtig ist?

2

Guter Hoffnung sein

In vier Wochen ist der Geburtstermin. Es ist alles vorbereitet. Windeln und Strampelhosen, ein warmes Bett mit Kuscheldecke und Spieluhr, ein liebevoll eingerichtetes Kinderzimmer. Jetzt heißt es nur noch warten. Und hoffen, dass alles gut geht, dass mein Kind gesund zur Welt kommt.
Ja, diese Hoffnung ist es, die mich in den letzten Wochen vor der Geburt trägt. Ein ständiger Begleiter dieser Hoffnung ist jedoch die Angst, dem Kind könne etwas zustoßen. Vor oder während der Geburt oder danach. Ich weiß, ich habe das mir Mögliche getan, um gut vorbereitet zu sein. Alles andere habe ich nicht in meiner Hand. Ich kann nur hoffen und beten, dass alles gut wird.

Maria hatte nichts von alldem.
Krippe statt Kuschelbett. Tiergeräusche statt Spieluhr. Beschwerlicher Weg statt Schwangerschaftsgymnastik.
Was wir gemeinsam haben? Ich denke, sie spürte die gleiche Angst und die gleiche Hoffnung, die heute in mir ist. Und sie traf wie ich die Entscheidung, alles Weitere in Gottes Hände zu legen. Auch wenn die äußeren Umstände mir heute vieles erleichtern und die äußeren Umstände ihr damals vieles erschwert haben – entscheidend in der Erwartung der Geburt ist die Vorbereitung unseres Inneren. Wichtig ist, dass wir den Boden der Liebe bereiten, dass wir unser Herz öffnen für das Wunder des Lebens. Dass wir uns dem anvertrauen, ohne den es kein Leben gäbe. Dass wir, wie man so schön sagt, guter Hoffnung sind.
Da ging es Maria nicht anders als mir und allen Müttern dieser Welt.

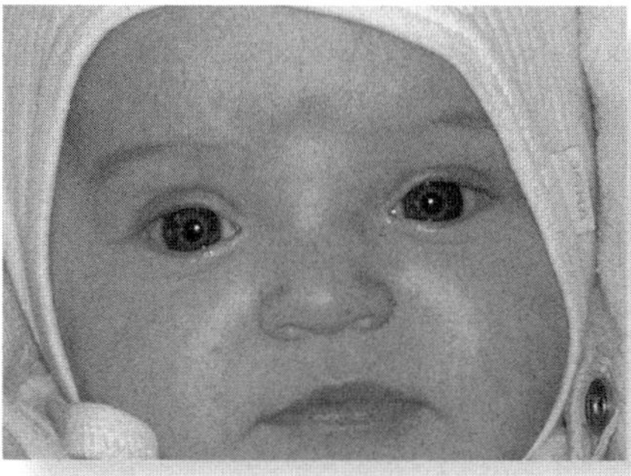

Gott will
geboren werden
in dir.

Mach dich bereit,
ihn zu empfangen.

Er wird ankommen,
wenn du nicht unbedingt
mit ihm rechnest.

Du wirst überrascht sein
und ihn vielleicht
nicht sofort erkennen.

Gott will
geboren werden
in dir.

Mach dich bereit.

3

An Weihnachten denken

Eine Bekannte erzählte mir neulich, sie habe bereits Mitte Oktober alle Weihnachtsgeschenke besorgt. So könne sie sich im Advent in Ruhe um andere Dinge kümmern. Als ich das hörte, wurde ich ein wenig neidisch und unter Druck geriet ich außerdem. Ich hatte nämlich noch längst nicht alles eingekauft, gebastelt oder im Internet bestellt, was ich verschenken wollte. Hätte ich doch nur früher angefangen. Als ich noch am selben Tag zur Rushhour in die Innenstadt fuhr, hatte ich eigentlich schon gar keine Lust mehr. Im nächsten Jahr fange ich auch früher an, schwor ich mir.

Aber dann tauchte ich ein in die abendliche Lichterstadt, atmete den Duft von gebrannten Mandeln und Glühwein, ließ mich gefangen nehmen von der einzigartigen Atmosphäre des wunderschönen Weihnachtsmarktes. Meine Geschenkeliste schrumpfte nur wenig, aber mir ging es gut. Wie der Zufall es wollte, lief mir besagte Bekannte über den Weg. Ich lud sie spontan auf einen Glühwein ein, aber sie grüßte nur flüchtig. Ich habe es eilig, rief sie mir zu, muss zum Reisebüro, den nächsten Sommerurlaub buchen, sonst geht mir der Frühbucherrabatt flöten.

Hatte ich diese Frau nicht gerade noch darum beneidet, weil sie ihrer Zeit so weit voraus war? Um sich angeblich in RUHE um andere Dinge kümmern zu können? Mir schien, sie hatte den einen Stressfaktor nur vorgezogen, um sich zu gegebener Zeit schon dem nächsten widmen zu können.

Ob sie wohl selber merkte, dass dies eine Mogelpackung war?

Da ist es mir schon lieber, mich der Jahreszeit entsprechend meinem Stress zu stellen.

Glühwein schmeckt mir im Sommer einfach nicht.

*

Mir geschehe, wie du gesagt am Montag.
Da habe ich schon etwas vor.

Mir geschehe, wie du gesagt am Dienstag.
Da ist mein freier Tag.

Mir geschehe, wie du gesagt am Mittwoch.
Da ist mein Zeitplan übervoll.

Mir geschehe, wie du gesagt am Donnerstag.
Da gibt es Wichtigeres zu tun.

Mir geschehe, wie du gesagt am Freitag.
Da muss ich dringend die Hausarbeit erledigen.

Mir geschehe, wie du gesagt am Samstag.
Die letzte Möglichkeit, Weihnachtsgeschenke zu kaufen.

Mir geschehe, wie du gesagt am Sonntag.
Da brauche ich dringend Ruhe.

Mir geschehe.
Was denn eigentlich?

Ich habe gar nicht richtig hingehört.
Ich weiß gar nicht, wie mir geschehen könnte.

Das geschieht mir recht.

4

Stille finden

W*enn es nur einmal so ganz stille wäre.* Diese Worte von Rainer Maria Rilke drücken eine uralte Sehnsucht aus. Die Sehnsucht nach Stille, die sich auch in mir gerade wieder bemerkbar macht. Aber obwohl ich schon seit Wochen auf die besinnlichste Zeit des Jahres eingestimmt werde, fühle ich mich weder ruhig noch besinnlich. Die Welt um mich herum ist laut, nicht leise. Die Weihnachtslieder, die aus den Lautsprechern der Kaufhäuser ertönen, die Menschenmengen in den Fußgängerzonen, ja selbst die Klingeltöne der Handys sorgen für einen ununterbrochenen Lärmteppich. Und dann gibt es da noch den Lärm, von dem Rilke sagt, dass ihn meine Sinne machen.

Ihn kann ich hören, wenn ich versuche, ganz still zu sein. Ich höre meine Gedanken, die wie ein Karussell im Kreis herum fahren. Ich höre die Termine, die sich im Geiste überschlagen. Ich höre Menschen sprechen, die etwas von mir erwarten. Ich höre die Arbeitsaufträge, die erledigt werden wollen, höre Kinder, die mir ihre Weihnachtswünsche zurufen, ich höre meine Ansprüche, die wollen, dass ich alles perfekt mache. Ja, ich höre alle Geräusche des damit einhergehenden Gedanken- und Gefühlschaos, das sich in meinem Inneren ausbreitet.

Was tun, um dem Lärm der Zeit zu entfliehen? Was tun, um dem inneren Lärm entgegenzutreten? Abstellen kann ich weder das eine noch das andere. Ich versuche manchmal, mitten in meinem lauten Alltag einen Augenblick lang innezuhalten. Ich atme ganz bewusst ein und wieder aus. Ich stelle mich ans Fenster und tue nichts weiter als hinaus zu sehen. Ich versuche, meine Gedanken zu beruhigen, sie zu ordnen, mich ganz bewusst auf nur eine Sache zu konzentrieren. Ich schreibe einen Brief an einen lieben Freund, nehme mir Zeit für ein Gebet, zum Meditieren oder für einen Tagebucheintrag.

Diese kleinen Momente der Stille sind immerhin eine kleine Antwort auf meine große Sehnsucht.

Die Stimme Gottes
spricht nur leise in mir.
Sie wird übertönt
vom Lärm der Zeit
und den lauten Geräuschen
meiner eigenen Sinne.

Sie wird zugedeckt
von denen,
die glauben,
sie auch zu hören,
die in Wahrheit
aber nur von sich selber reden.

Ich hoffe,
dass Gott nicht nachlässt
in seinem Rufen.

Ich bete,
dass ich wieder hören lerne.
Und darum,
dass Gott nicht verstummt
in mir.

5

Herzhaft lachen

Wenn ich lache, singt meine Seele. Wenn ich lache, geht es mir gut. Und wenn mir dann doch einmal eher zum Heulen ist, wenn Probleme oder Unannehmlichkeiten meiner Seele nur noch traurige Töne entlocken wollen, dann hilft es mir, die Dinge humorvoll zu betrachten. Zugegeben: Das ist nicht so leicht, wie es sich anhört. Meist gelingt es mir eher, das berühmte Haar in der Suppe aufzuspüren, als während einer Pechsträhne auch nur einen Hauch von Optimismus zu bewahren. Es fällt mir leichter, mich meinem Ärger hinzugeben, als einfach tief durchzuatmen, einem Problem ins Auge zu sehen und ihm eventuell noch etwas Positives abzugewinnen. Und doch hat mein Lachen mich in vielen Lebenssituationen in die Welt des Optimismus hinübergerettet. Viele banale Ereignisse aber auch Missstände in Kirche und Gesellschaft wären ohne die Brille des Humors manchmal kaum zu ertragen. Natürlich werden Probleme nicht dadurch gelöst, indem ich unreflektiert über sie lache oder sie gar lächerlich mache. Auch Konflikte werden dadurch nicht kleiner. Eine humorvolle, positive Einstellung kann mir aber den Umgang damit erleichtern. Vielleicht mich sogar mancher Lösung näherbringen. Das schöne ist: Humor steckt an. Und fröhliche Menschen sind einfach glücklicher.

Ich empfinde es als ein Geschenk meines Schöpfers, dass ich aus tiefster Seele lachen kann. Gott sei Dank gibt es in meinem Leben Menschen, mit denen dies immer möglich ist, egal, wie es mir sonst gerade geht. Lachen befreit. Lachen macht froh. Wenn ich lache, singt meine Seele.

*

Mein Lachen
ist wie eine schimmernde Perle
in einem Haufen Schutt.

Klein und unscheinbar,
manchmal unauffindbar
unter all den Trümmern meiner Traurigkeit.

Ich bete,
dass sie nicht aufhört zu leuchten,
wenn ich unterzugehen drohe
in meinen düsteren Stimmungen,
wenn ich versinke
in meinem Pessimismus.

Dann will ich sie suchen
und finden
und mit ihr spielen, solange,
bis mein Lachen
wieder zum Vorschein kommt.

6

Handeln mit Kopf und Herz

Wie ist sie wieder voll gestopft, die so genannte besinnliche Zeit. In meinem Kalender stauen sich die Termine, auf meiner Geschenkeliste die Posten und in mir drin die Aggressionen. Tausend Anforderungen – und ich möchte natürlich wie gewohnt und von mir erwartet allen diesen Anforderungen auf perfekte Weise gerecht werden. Woran liegt es nur, dass mir wieder einmal alles über den Kopf wächst? Lass den Kopf nicht hängen, sagen alle, wenn ich mich so überfordert fühle. Aber wie soll dieser schwere Kopf nicht hängen, wenn er so eindeutig übergewichtig ist, dass er von ganz allein „kopfüber“ nach vorne fällt? Da nützt es gar nichts, ihn aufrichten zu wollen. Da bleibt mir nichts anderes übrig, als ihn einfach hängen zu lassen. Und das kann dann sogar gut tun. Die Last auf meinen Schultern wird spürbar leichter. Das wiederum befreit mich innerlich. Ich merke, es ist gut, den Kopf nicht immer so wichtig zu nehmen, damit auch Bauch und Herz wieder zum Zuge kommen. Teile meiner Persönlichkeit, die mitunter in Vergessenheit geraten.

Vielleicht würden sie manche Entscheidung anders treffen. Vielleicht würden diese beiden manchen Termin einfach streichen. Und vielleicht würde ich viele Dinge ganz anders beurteilen. Immer, wenn mir dies klar wird, suche ich aufs Neue nach dem rechten Maß zwischen Tun und Lassen, nach der Ausgewogenheit zwischen Kopf und Herz. Und wenn ich gar nicht weiß, was ich tun oder lassen soll, dann frage ich:

Kopf, was willst du? Und dann: Herz, was willst du? Im günstigsten Fall sind sie sich einig.

*

LASSEN

L eise
A tmen
S chweigend
S taunen
E rgeben
N eu werden

7

Ein Licht anzünden

Manchmal, wenn ich an einen Menschen denke, der mir wichtig ist, zünde ich ein Licht für ihn an. In einer Kirche, auf meinem Schreibtisch im Büro oder auf der Fensterbank zuhause. Ein Licht für meine Freundin, die schon länger krank ist. Eines für meine Tochter, die zum ersten Mal allein quer durch Europa reist. Und eines für meinen Bruder, der im vergangenen Jahr ganz plötzlich verstorben ist.

Ich weiß, dass von den Flammen einer Kerze niemand gesund oder gar wieder lebendig wird. Und vor Gefahren schützen sie auch nicht. Warum ich es trotzdem immer wieder tue? Weil ich mich diesen Menschen verbunden fühle, weil sie mir nahe sind und wichtig. Weil ich sozusagen entflammt bin für sie und dafür einen Ausdruck brauche. Das Licht beruhigt mich. Es ist wie ein Gebet, das ich nicht sprechen muss. Mit der Flamme entzündet es sich und braucht keine Worte mehr. Ja, und manchmal, wenn ich es einem Menschen verrate, dass ich eine Kerze mit guten Gedanken für ihn angezündet habe, dann leuchtet auch in seinen Augen ein kleines, helles Licht.

Advent ist,
wenn die Augen
der Menschen
leuchten wie Sterne.

Wenn ihr Licht
flackert
wie die Flammen
einer Kerze.

Wenn ihre Seele
erstrahlt
bis zum Himmel
und wieder zurück.

*

8

Herzen erobern

Advent – schon wieder ist es soweit. Soll ich wirklich wieder den aufwendigen Adventskalender für meine Kinder gestalten? Eigentlich sind sie doch schon zu groß dafür, denke ich und weiß, dass dieses Argument nicht gelten wird. Unausgesprochen liegt sie in der Luft, die heimliche Erwartung, dass der Nikolaus, der seit vielen Jahren im Heißluftballon durch unser Wohnzimmer schwebt, auch in diesem Jahr wieder seine 24 Säckchen abwerfen wird. 24 Säckchen mit kleinen Überraschungen, Süßigkeiten, guten Gedanken und Wünschen. Also mache ich mich an die Arbeit.

Denn nichts lässt mein Mutterherz höher schlagen als die großen Augen meiner Kinder, wenn sie voller Spannung die Geheimnisse dieses besonderen Adventskalenders ergründen. Auch, wenn sie inzwischen 14, 16 und 19 Jahre alt sind.
So macht also auch in diesem Jahr unser schwebender Nikolaus meine Töchter glücklich und mich dazu. Dabei kommt es gar nicht so sehr darauf an, was in den Säckchen zu finden ist. Oder darauf, jeden Tag irgendetwas geschenkt zu bekommen. Es geht ganz einfach um die Aufmerksamkeit füreinander, um die täglich wiederkehrenden Zeichen der Zuwendung. Und um die kurzen Augenblicke, in denen wir gemeinsam innehalten, um auf diese Weise dem Geheimnis des Weihnachtsfestes entgegen zu gehen.

*

Tausend Ansprüche
prasseln auf mich ein.
Tag für Tag.

Tausend Erwartungen
werden an mich gestellt.
Tag für Tag.

Tausend Ansprüche und Erwartungen.
Von anderen und von mir selbst.
Tag für Tag.

Es ist unmöglich,
alle Erwartungen zu erfüllen.

Ich werde niemals
allen Ansprüchen genügen.

Vielmehr sehe ich es als meine Aufgabe,
zu erkennen,
was wichtig ist und was nicht.

9

Auf die andere Seite des Lebens sehen

Das ganze Jahr über sitzt er in der Fußgängerzone, vor den Eingängen großer Kaufhäuser oder vor unseren Kirchentüren. Mal spielt er Mundharmonika, mal hält er einen leeren Joghurtbecher in der Hand oder er blickt einfach stumm vor sich hin. Der Penner, der Obdachlose, der Mensch, der auf der Straße lebt. Jetzt in dieser geschäftigen Vorweihnachtszeit nehme ich ihn noch stärker wahr als sonst. Und immer gehe ich mit diesem flauen Gefühl der Ratlosigkeit an ihm vorbei. Gebe ich etwas? Oder gebe ich nichts? Was hilft ihm? Was braucht er? Und was nützt es ihm, wenn ich von dem abgebe, was ich im Überfluss habe? Er wird morgen wieder da sitzen und nichts wird sich für ihn verändert haben. Mein Euro hilft ihm höchstens, an diesem Tag nicht zu verhungern oder er reicht für eine weitere Flasche Bier.

Ich würde mir tatsächlich wünschen, dass dieser Mensch nicht mehr auf der Straße leben müsste, nicht mehr abhängig wäre von der Wohltätigkeit und den Almosen anderer. Ich wünschte, er hätte ein Dach über dem Kopf und müsste nicht länger allein sein. Und während ich noch immer ratlos in meiner Tasche nach einem Euro krame, frage ich mich, ob er das überhaupt wollte. So leben wie ich.

Sie sollen auftauen,
meine tiefgefrorenen Gefühle.

Sie sollen erwärmt werden,
meine unterkühlten Gedanken.

Sie sollen aufleuchten,
die Dunkelheiten in meinem Herzen.

Das wird mir und anderen gut tun.

*

10

Aufmerksam sein

Neulich, mitten im Einkaufsgetümmel, begegneten meine Augen denen eines mir völlig fremden Menschen. Ich wusste nicht, wer er war, wo er herkam, und es spielte auch gar keine Rolle. Wahrscheinlich werden wir uns nie wieder sehen, und dennoch war dieser Augenblick etwas Besonderes für mich. In den fremden Augen konnte ich lesen: Ich weiß zwar nicht, wer du bist, aber ich nehme dich wahr. Ich weiß zwar nicht, wo du lebst, aber ich schaue dich an. Ich grüße dich, ich schenke dir mein Lächeln. Unsere Blicke haben uns auf geheimnisvolle Weise einander nähergebracht. In

einem Moment, in dem wir uns beide zufällig mit wachen Augen umgesehen haben. Ja, mit wachen Augen. Oft passiert mir das nicht. Meistens habe ich eine ziemlich lange Einkaufsliste abzuarbeiten. Ich habe es eilig und sehe nicht rechts und nicht links, während ich von einem Laden zum anderen hetze.
Am Abend dieses Tages aber, als ich mich erschöpft und müde auf mein Sofa fallen ließ, dachte ich nicht wie sonst zufrieden an meine erledigten Einkäufe, sondern an den unerwarteten AUGEN-BLICK, den mir ein unbekannter Mensch geschenkt hatte. Ich dachte an das Lächeln in den Augen, das mich an diesem Tag irgendwie glücklich machte. Etwas, das ich mir niemals hätte kaufen können.

*

So sehr bin ich manchmal
mit mir selbst beschäftigt,
dass ich den Blick für andere verliere.

So sehr bin ich manchmal
mit anderen beschäftigt,
dass ich den Blick für mich selbst verliere.

Wie gut, dass es Menschen gibt,
die dann auf mich schauen.

Ihre Augen sind der Spiegel,
in dem ich mich selbst
und andere
wieder im rechten Licht sehen kann.

11

Dem Engel begegnen

Engel sind in. Engel sind trendy. Nicht nur zur Weihnachtszeit, aber jetzt besonders. In Büchern, Kalendern und auf Grußkarten begegnen mir die himmlischen Wesen in allerlei Gestalten und mit den unterschiedlichsten Bedeutungen. Hier ein Glücksengel, da ein Schutzengel – ein Engel für jede Gelegenheit. Ehrlich gesagt: mir geht dieser Engelskult schon ziemlich lange auf die Nerven. Ich wollte nichts mehr davon hören, bis vor einiger Zeit in meinem Freundeskreis ein kleiner Messingengel auftauchte.
Dieser Engel fiel mir zufällig in die Hände, sagte der Freund. Und er fügte hinzu: Ich dachte, unsere

Gruppe kann einen Schutzengel gut gebrauchen. Wer meint, ihn gerade nötig zu haben, soll ihn mit sich nehmen. Und wann immer einer von uns bemerkt, dass er einem anderen gut tun könnte, wird er einfach weitergegeben.
Seit diesem Tag wandert der kleine Engel von Hand zu Hand, ist Bote der Herausforderungen und Belastungen, denen jeder und jede Einzelne von uns ausgesetzt ist und so zu einem ständigen und wichtigen Begleiter unserer Gruppe geworden.
Diese Geste hat mich zutiefst berührt. Ein Schutzengel, der seinem Anspruch gerecht wird, weil wir aufeinander achten und füreinander Sorge tragen. Einfach himmlisch!

Schwere Kämpfe im nahen Osten meldet die Presse.
Friede auf Erden sprach der Engel.

Amoklauf in der Schule meldet der Rundfunk.
Friede auf Erden sprach der Engel.

Sexuellen Missbrauch meldet das Fernsehen.
Friede auf Erden sprach der Engel.

Engel, wo bist du,
dass keiner dich hört?

So dringend wirst du gebraucht
inmitten der kalten Kriege überall auf der Welt.

12

Halt finden

Aus meiner Wohnung kann ich direkt auf eine hohe Autobahnbrücke sehen. Vor kurzem beobachtete ich eine bewegliche Bühne direkt unterhalb der Fahrbahn. Mehrere Personen inspizierten oder reparierten etwas. Die hängen buchstäblich in der Luft, dachte ich, denn ich konnte nicht sehen, wie dieses außergewöhnliche Fahrzeug befestigt war. Diese Menschen schwebten über dem Abgrund und das sah sehr gefährlich aus. Was gibt ihnen wohl die Sicherheit, dass sie nicht abstürzen werden, schoss es mir durch den Kopf. Wer oder was lässt sie darauf vertrauen, dass sie gut gehalten und getragen sind? Ich beruhigte der Vorstellung, dass sie wahrscheinlich über ein gut funktionierendes Sicherheitssystem verfügen würden.

Unwillkürlich musste ich an alle möglichen Abgründe denken, über denen ich in der Vergangenheit schwebte. An die Fahrt im Riesenrad mit meiner Freundin, an meinen ängstlich zur Tür gerichteten Blick. Ich erinnerte mich an einen unvergesslichen Moment, als ich, eine herrliche Landschaft vor Augen, plötzlich am Rand einer Felswand stand, die hunderte von Metern in die Tiefe abfiel.

Auch körperliche und seelische Abgründe kamen mir in den Sinn. Lebenskrisen, Krankheiten und Schicksalsschläge. Situationen, in denen ich ebenso in der Luft hing. Irgendwie hatte ich jedoch immer einen Halt gefunden. Wie tief die Abgründe auch waren, meine „Sicherheitssysteme" funktionierten immer, wenn es darauf ankam. Auch die Verbindungen und Kontakte, die ich nicht sehen konnte. Ja, gerade sie gaben mir Halt und Sicherheit. GOTT sei Dank.

*

Ich bewundere deinen Mut,
Maria, und dein Gottvertrauen.

Du hast JA gesagt
und dich auf den Weg gemacht.

Du wusstest nicht,
wohin er dich führen wird.

Ich hätte nicht
in deiner Haut stecken wollen.

Ich hätte ihn für verrückt erklärt,
den Engel.

Aber er kam ja zu dir,
nicht zu mir.

Gott wusste
warum.

13

Gut gestimmt sein

Seit Wochen schon stand meine alte Gitarre in der Ecke und staubte langsam ein. Ich nahm sie nicht mehr in der Hand, denn sie war verstimmt und klang einfach schrecklich. Meine Gitarre ist wie ich, schwirrte es mir durch den Kopf. Seit Wochen schon hatte auch ich mich zurückgezogen, kam mir alt und verstaubt vor. Du klingst einfach schrecklich, sagte meine Freundin am Telefon.
Noch während ich Gefahr lief, wieder einmal in Selbstmitleid zu versinken, kam mir ein Lied in den Sinn. Instinktiv griff ich zu meinem Instrument, stimmte mit Müh und Not die halb eingerosteten Saiten und sang vor mich hin. So schlecht klingt

sie eigentlich gar nicht, stellte ich fest und staubte sie, weil ich sie schon mal in der Hand hatte, auch noch ab. Ein paar neue Saiten würden ihr wirklich guttun, stellte ich erneut fest und beschloss, noch in den nächsten Tagen ein Musikgeschäft aufzusuchen.

Meine Gitarre ist wie ich, dachte ich wieder, als ich wenig später unter der Dusche stand, um mich selbst „abzustauben“. Vielleicht sollte ich auch bei mir ein paar „neue Saiten aufziehen“. Dieser Gedanke gefiel mir so gut, dass ich unter der Dusche weiter sang. Meine eingerostete Stimme fand einen neuen Klang. Ich konnte spüren, wie sich die chronische Griesgrämigkeit in meinem Gesang auflöste, um einer überraschend heiteren Stimmung Platz zu machen. Wer hätte das gedacht? Meine Gitarre und ich, wir haben uns gegenseitig gut gestimmt.

An meiner Stimme
erkenne ich meine Stimmung.

Die feinen Schwingungen
verbergen nichts.

Belegt,
bedrückt und heiser.
Oder offen, schwungvoll und frei.

An meiner Stimme
erkenne ich mich selbst.

14

Die Seele entrümpeln

Neulich packte mich wieder einmal der alljährliche Ärger über meinen unaufgeräumten Schreibtisch in meinem ebenso unaufgeräumten Arbeitszimmer. Auch in allen anderen Zimmern, in Keller und Garage häufte sich die Unordnung. Ich hatte überhaupt keine Übersicht mehr. Wie auch? Ich hatte immer nur Sachen hineingestopft und nichts weggeworfen. Als mir kurze Zeit später regelrecht die Luft wegblieb, wusste ich: Jetzt ist es an der Zeit zu entrümpeln.

Meine ganze Wut über die Unordnung und der damit einhergehende Ärger über meine Sammelleidenschaft flogen mit Stapeln von überflüssig gewordenen Unterlagen in die Papiertonne. Das Gefühl, keinen Platz mehr zu haben, wanderte mit den ausgedienten Ikearegalen auf den Sperrmüll. In meinem Kleiderschrank gab es plötzlich ein freies Fach und ich bekam wieder Luft. Ich gewann einen neuen Überblick und fühlte mich sofort wohler.

Meistens verspüre ich diesen Drang zum Entrümpeln immer dann, wenn in meinem Inneren mal wieder kein Platz mehr ist, wenn Unordnung in meinen Gedanken herrscht oder mein Herz vor altem Kummer überquillt.

Wenn dann der „Anfall" vorüber ist, spüre ich auf verblüffende Weise, dass ich mit dieser Aufräumaktion auch meine Seele entrümpelt habe.

Immer dann,
wenn du denkst,
es passt jetzt gerade nicht.

Immer dann,
wenn du meinst,
es gibt Wichtigeres zu tun.

Immer dann,

lass Gott in dir geboren werden.
Mitten hinein in dein volles Herz.

Er braucht nicht viel Platz –
Und kann doch so viel bewirken.

15

Die Mitte finden

Im vergangenen Sommer nahm ich an einem Kurs für Steinbildhauer teil. Ein schöner Ausgleich zu meiner alltäglichen, häufig sehr kopflastigen Arbeit und eine wunderbare Gelegenheit, mich handwerklich und zugleich schöpferisch zu betätigen. Ich hatte mir einen schönen, aber schweren Alabaster ausgesucht.

Nicht zum ersten Mal versuchte ich mit Hammer und Meißel einem Stein eine neue Form zu geben. Ich könnte auch sagen, ich versuchte durch das stete Abschlagen von Oberflächen, Ecken und Kanten zu entdecken, was ich in dem Stein sah und was dieser selbst werden wollte. Geduld, Energie und Fantasie waren gefragt bis zur letzten Sekunde.

Wie immer hatte dieser Prozess viel mit meinem Leben zu tun. Entscheidend war, dass ich trotz des stetigen Hämmerns, trotz des Drehens und Wendens und auch durch das Betrachten von allen Seiten einfach nicht weiterkam. So hämmerte ich still vor mich hin, bis ich plötzlich wie von unsichtbarer Hand geführt nur noch auf einen einzigen Punkt in der Mitte des Steins hinarbeitete. Meine ganze Konzentration richtete sich auf diesen Mittelpunkt. Plötzlich eröffneten sich mir völlig neue Blickwinkel. Ich sah den Stein mit ganz anderen Augen. Und so ergab sich das, was schließlich aus ihm wurde, eine Blüte aus Stein.
Ihre Botschaft für mich war: Wenn du nicht mehr weiter weißt, konzentriere dich ganz auf deine Mitte. Dann ergibt sich der Rest von allein.

*

Du findest eher,
was du nicht suchst.

Du wirst beschenkt,
wenn du nichts erwartest.

Du kommst vorwärts,
wenn du auch mal stehen bleibst.

Du erlebst Unvorhergesehenes,
wenn du nicht damit rechnest.

Du erreichst dein Ziel,
wenn du fest daran glaubst.

*

16

Mit inneren Bildern leben

Seit ich meine Digitalkamera habe, gehe ich fast nur noch mit diesem Kamerablick durch die Welt. Es ist fast, als hätte ich neue Augen bekommen. Ich betrachte die kleinen und großen Dinge aus den unterschiedlichsten Perspektiven und freue mich über alles, was ich mit diesen vielen zusätzlichen Augen einfangen kann. Das geht so weit, dass ich mir ohne meine Kamera schon fast unvollständig vorkomme. Wenn ich sie dann doch einmal vergessen habe, ärgere ich mich über verpasste Gelegenheiten und darüber, dass ich einen wunderbaren Augenblick oder eine eindrucksvolle Stimmung einmal nicht festhalten konnte.

Ganz anders erging es mir im vergangenen Sommer, als ich zum Nordic Walking unterwegs war. Statt der Kamera hatte ich natürlich die Stöcke dabei. Und weil ich so vertieft in das Gespräch mit meiner Freundin war, hatte ich gar keine Augen für meine Umgebung. Als sich dann ganz plötzlich in herrlichster Landschaft direkt vor unseren Augen ein Regenbogen an den Himmel malte, da dachte ich, mir müsste das Herz stehen bleiben. Aber nicht, weil ich meine Kamera nicht dabei hatte, sondern weil dieser Anblick mich so gefangen nahm. Meine Empfindungen hätte die beste Kamera gar nicht einfangen können. Das wunderbare Bild prägte sich ganz tief in meinem Inneren ein. Genauso er-INNERE ich viele andere faszinierende Augenblicke, die keine Kamera der Welt festhalten könnte. Augenblicke und Stimmungen, in die ich mich nur hineinversenken kann, wenn ich in meinem inneren Album blättere.

*

Gott kommt
in der Stille zur Welt.
Ohne Feuerwerk
und Journalisten am Schauplatz.

Nur die Tiere sind da
und die Hirten,
die in der Dunkelheit der Nacht
die Zeichen des Himmels gesehen
und verstanden haben.

Sehe ich die Zeichen des Himmels?
Verstehe ich die Sprache der Sterne?

Wenn ich still werde
wie die Hirten
und aufmerksam
für die kleinen Signale,
dann kann es auch mir gelingen,
zur richtigen Zeit
am richtigen Ort zu sein
und dort
Gott zu begegnen.

17

Kleine Botschaften hören

Als ich neulich mit dem Auto zur Arbeit fuhr, unausgeschlafen und nicht sehr motiviert, weckte mich ein Lied aus meinen trübsinnigen Gedanken. Brian Adams sang „A little love can change it all“. Ein bisschen Liebe kann alles verändern. Wie schön für ihn, dachte ich. Aber hilft mir das bei all den schwierigen Aufgaben, die ich gerade zu bewältigen habe? Bei all den Sorgen um die Zukunft meiner Kinder, bei den lästigen Pflichten und der großen Verantwortung, vor der ich mich nicht drücken kann.

Noch während ich diesen Gedanken nachhing, erklang die gleiche Liedzeile wieder und ich ertappte mich dabei, wie ich leise mitsang.

Es muss ja nicht gleich Liebe sein, die ich den Herausforderungen des täglichen Lebens entgegenbringe, beruhigte ich mich. Vielleicht reicht ja schon eine etwas positivere Einstellung, um mir nicht so viele Sorgen zu machen. Vielleicht genügt ein wenig mehr Optimismus, um mich mutiger meinen Aufgaben stellen zu können. Und vielleicht ist ein wenig mehr Wohlwollen im Umgang mit meinen Mitmenschen und auch mit mir selbst hilfreich. Ich nahm mir vor, wenigstens einige dieser spontan gewonnenen Erkenntnisse sofort umzusetzen.
Mein Lebensgefühl hatte sich an diesem Morgen durch die kleine Melodie auf erstaunliche Weise positiv verändert. Danke, Brian Adams!

*

Manchmal
singt das Leben
eine kleine Melodie
in meine Seele.

Manchmal
schlägt das Schicksal
einen Rhythmus,
der zu Herzen geht.

Ton um Ton,
Takt um Takt,
höre,
singe,
tanze ich
und spüre,
dass ich lebe.

18

Farben sammeln

In der dunklen Jahreszeit gibt es viele Tage, an denen alles grau in grau erscheint. Die Landschaft ist im Nebel versunken, den ganzen Tag lang will es nicht richtig hell werden. Auch durch meine Gedanken ziehen dann meist nur Nebelschwaden. Meine innere Welt erscheint mir düster und über allem liegt der Schleier des Pessimismus. Es ist gerade so, als wolle er mich daran hindern, auch nur irgendeinen kleinen positiven Gedanken zuzulassen oder gar einen winzig kleinen Glücksmoment zu empfinden.

Als ich vor kurzem wieder einmal solch einen Tag erlebte und langsam aber sicher immer tiefer in meine inneren Dunkelheiten eintauchte, erschien plötzlich im hintersten Winkel meiner Erinnerungen klein und grau die Maus Frederik aus dem gleichnamigen Bilderbuch. Sie hatte mich und meine Kinder schon früher durch so manchen trüben Tag begleitet.

Frederik war anders als die anderen Mäuse. Von seinen Freunden wurde er gar für verrückt erklärt, weil er viele Wochen hindurch statt Nahrung für den Winter nur die bunten Farben des Sommers gesammelt hatte. Als ob man davon überleben könnte, höhnten die Freunde und lachten ihn aus. Und ob man von Sonnenstrahlen leben kann! Wie schön, dass Frederik sich gerade jetzt in meine Gedanken geschlichen hat.

So krame ich in der Kiste meiner Erinnerungen und hole die bunten Erlebnisse des Sommers heraus. Ganz schnell wird meine Welt viel heller und meine Stimmung freundlicher.

*

Wenn die Nacht am dunkelsten ist,
leuchtet der Stern der Erkenntnis
in meinem Innern.

Er schlägt ein wie ein Blitz in meine Gedanken,
und zerschmettert die erstarrten Mauern
meiner Seele.

Nichts ist mehr,
wie es war.

Auch die Hirten
eilen wie vom Blitz getroffen
durch die Dunkelheit zur Krippe.

Ein Stern
sagt ihnen, wo es langgeht.

Wie mir.

19

Zeit für Tränen haben

Advent, kurze Tage, lange Abende, das ist für mich nicht immer anheimelnd und feierlich. Die bedrückende Atmosphäre der grauen Novembertage wirkt meist noch länger in mir nach. Auch die lang anhaltende Dunkelheit trübt meine Stimmung. Die Natur stirbt noch immer ihren alljährlichen Tod und dies erinnert mich an den Verlust lieber Menschen. Auch Gedanken an den eigenen Tod setzen sich unwillkürlich in mir fest. An solchen Tagen kann ich richtig wehmütig werden. Ja, manchmal überwältigen mich ganze Flutwellen der Trauer. Ich weine Tränen, von denen ich gar nicht wusste, dass ich sie noch in mir hatte.

Es tut gut, mir dafür Raum und Zeit zu geben. Zeit für die Erinnerung an die Menschen, die ich in diesem Jahr verloren habe. Zeit für die Erinnerung an das, was in mir gestorben ist, weil ich mich von liebgewordenen Gewohnheiten, von Träumen oder Lebensentwürfen verabschieden musste. Ich vergieße Tränen über alles, was ich loslassen musste und über das, was mich losgelassen hat. Gott sei Dank hat diese Trauer auch etwas Tröstliches. Denn ich spüre gleichzeitig Dankbarkeit für alles, was mir geschenkt wurde und Zuversicht für das, was kommen wird.
So haben meine Tränen eine wahrhaft reinigende und heilende Kraft. Sie sind wie ein kostbarer Balsam für meine Seele.

*

Gott kommt
im Dunkeln
zu den Menschen.

Wer sucht,
wird ihn finden.

Auch
in der finsteren Nacht
und vielleicht
gerade dann.

20

Nein sagen

Heute ist so ein Tag, den ich am liebsten im Kalender streichen würde. Mir ist einfach alles zuviel. Ich weiß nicht, was ich zuerst tun soll oder wann ich was tun soll. Die Frage nach dem Warum wage ich schon gar nicht mehr zu stellen. Ich könnte mich geradezu zerreißen. Die Anzahl der Adventsfeiern, an denen ich teilnehmen könnte, ist immens. Die Anzahl derer, die ich selbst mitgestalten könnte, ist noch größer.
Und ich wünsche mir nichts sehnlicher, als einfach in Ruhe gelassen zu werden.
Alles in mir wehrt sich gegen diese Vereinnahmung und die Selbstverständlichkeit, mit der Menschen aus unterschiedlichen Richtungen und mit

unterschiedlichen Erwartungen an mir herumzerren. Warum fragt mich keiner nach meinen Wünschen? Habe ich die Menschen um mich herum zu lange verwöhnt, weil ich ihren Ansprüchen immer entsprochen habe? Haben sich alle daran gewöhnt, dass ich immer und überall verfügbar war? Wenn es wirklich so war, muss jetzt damit Schluss sein. Ich will endlich NEIN sagen können, wenn ich etwas nicht wirklich will.
Advent ist schließlich mehr als ein Absitzen einzelner Feiern in Schule, Verein und am Arbeitsplatz. Mehr als ein Abarbeiten von vorgegebenen traditionellen Verhaltensmustern. Wenn ich NEIN sagen kann, kann ich auch zu vielen Dingen wieder bewusst JA sagen. Ja! In Gottes Namen! Und das im wahrsten Sinne des Wortes.

Was ich dich fragen wollte, Maria.

Haben dich auch manchmal
Zweifel in schlaflosen Nächten
beschlichen?

Hast du, wie ich,
unter den hohen Ansprüchen
und Erwartungen gelitten?

Hast du dich
angesichts der großen Verantwortung
auch manchmal schwach und erdrückt gefühlt?

Wusstest du auch manchmal nicht,
ob du ja oder nein sagen solltest?

Ich glaube zu ahnen,
dass es so war.

Und ich bin überzeugt,
du hast deine Zweifel und deine Fragen
genauso annehmen können
wie den Auftrag Gottes.

Darin, Maria,
sehe ich deine wahre Größe.

21

Geburtstag feiern

Gott wird Mensch. Einmal im Jahr. Gerade ist es wieder soweit. Und so feiern wir diese Menschwerdung, den Geburtstag Jesu an diesem Heiligen Abend wie jedes Jahr. Da werden die meisten Menschen ein wenig sentimental. Sogar die, denen Religion angeblich gar nichts bedeutet. Ich frage mich manchmal, was diese Menschen eigentlich sentimental macht? Erwacht da vielleicht eine Sehnsucht, die sonst keinen Platz hat? Ist es der Duft des Weihrauchs, der Glanz des Kerzenlichts, die geheimnisvolle Stimmung, die sich ausbreitet, wenn die Christen sich weltweit um die Weihnachtsbäume versammeln und in den Kirchen Stille Nacht, heilige Nacht singen? Woher kommt diese Melancholie, woher die Sehnsucht nach Nähe, der Wunsch, gerade an diesem Tag nicht allein zu sein?

Ich glaube, alle Menschen spüren in diesen Momenten, dass die Menschwerdung Gottes ein großes Mysterium ist. Eines, das wir nicht mit dem Verstand erfassen, sondern nur mit unseren Herzen begreifen können.

Egal, ob gläubig oder nicht. Ich glaube, Gott berührt die Seelen aller Menschen. Und deshalb spürt wohl auch so mancher „Ungläubige", dass dieses Fest mehr ist als eine gewöhnliche Geburtstagsfeier.

Hoffnungsschwanger
gehe ich
durch den Tag.

Noch kann ich sie
nicht spüren.
Ich ahne nur, dass sie da ist.

Jeden Tag
wächst sie ein wenig,
wird ganz langsam
sichtbar und spürbar für mich.

Und dann wird sie
in einem unerwarteten Augenblick
geboren.

Wie durch ein Wunder
halte ich sie in meinen Händen.

Die Hoffnung,
die ich Jesus nenne.

December
hakihea
2010
SUNDAY
MONDAY
TUESDAY
WEDNESDAY
THURSDAY
5
NOVEMBER 2010

22

Durch das Jahr streifen

Je älter ich werde, desto schneller vergeht die Zeit. Früher habe ich all die Menschen belächelt, die dies behaupteten. Aber jetzt empfinde ich ebenso. Und wenn ich dann im Zeitraffer das eben vergangene Jahr an mir vorüberrauschen lasse, frage ich unwillkürlich nach dem Sinn.
Ist alles wirklich nur vorübergeeilt? Hastete ich wirklich nur durch meine Tage? Hakte ich jede Aufgabe einfach nur ab? Erledigt und zu den Akten?
Oh nein, es gab auch Augenblicke, die ich so richtig genießen konnte. Es gab Zeiten, da war ich einfach nur glücklich. Natürlich gingen auch diese Tage viel zu schnell vorbei, aber es tut gut, mich daran zu erinnern. An Zeiten der Nähe zu geliebten

Menschen, an Erfahrungen der Tiefe im Gespräch mit Freundinnen und Freunden, an Gefühle von Geborgenheit und Aufgehoben sein. Ich spüre regelrecht, wie sich dabei ein Lächeln auf mein Gesicht zeichnet, wie sich Lebensfreude, Ruhe und Dankbarkeit in mir ausbreiten.

Am liebsten erinnere ich mich mit einem Glas Wein, einem Fotoalbum oder im Gespräch mit den mir wichtigen Menschen. „Weißt du noch?“ lautet dann meine Lieblingsfrage. „Ja, ich weiß noch“, höre ich als Antwort und bin dankbar für die Fülle und die Intensität meiner Erlebnisse. Und auch, wenn die Zeit wie im Flug vergangen ist, ich durfte spüren, dass ich lebe. Was will ich mehr?

Schlaflose Nächte und ruhelose Gedanken.
Aufwühlende Träume und ängstliche Gefühle.

Scheitern und Überforderung.
Fragen und Zweifel.

Erfolg und Glücksgefühle.
Hoffnungsvolle Begegnungen und zuversichtliche Erkenntnisse.
Erwachendes Selbstbewusstsein und neuer Lebensatem.

Das alles
und noch viel mehr
bin ich.

23

Hinübergehen

Nach Weihnachten beginnt wieder die Zeit „zwischen den Jahren“. Ich mag diese Bezeichnung eigentlich überhaupt nicht. Zwischen den Jahren, das klingt wie eine uneindeutige Grauzone oder besser gesagt wie eine undefinierbare Zeitzone. Das alte Jahr ist nicht mehr, das neue noch nicht. Obwohl diese Tage rein kalendertechnisch gesehen eindeutig zum alten Jahr zählen, bewegen wir uns in Gedanken längst im neuen. Aber eben noch nicht so richtig.

Unternehmen machen in diesen Tagen Inventur. Sie schließen ihre Geschäfte ab, ziehen Bilanz. Und wenn ich es recht überlege, tue ich so etwas Ähnliches.

Im Gespräch mit Kolleginnen halte ich Rückblick auf ein vergangenes Arbeitsjahr. Im Austausch mit Familie und Freunden erinnere ich mich an Geglücktes und Gescheitertes. In meinem Tagebuch lese ich, was mich innerlich bewegte. Das ist auch eine Art Bilanz.
Eigentlich ist es doch ganz gut, dass es diese Zwischenzeit gibt. Sie ist wie eine Brücke, die das eine mit dem anderen verbindet. Und beim Hinübergehen kann ich das Alte bewusst zurücklassen, um mit aufgeräumten Gedanken und wachem Herzen dem Neuen entgegenzugehen.

Suchen
in der Weite
meiner
verlorenen Gedanken.

Suchen
in der Dürre
meiner vertrockneten Seele.

Suchen
in der Kälte
meiner
gottverlassenen Einsamkeit.

Finden
deine Zuwendung
und dein Verständnis.

Finden
deine offenen Arme
und dein Dasein
für mich.

Suchen und Finden.
Geben und Nehmen.
Tag für Tag
und Jahr für Jahr.

24

Das Besondere schenken

Im vergangenen Jahr wollte ich meinen drei Töchtern etwas ganz Besonderes zu Weihnachten schenken. Etwas, das sich von den üblichen Geschenken wie Parfüm, Kleidergutscheinen oder Handtaschen unterschied. Es sollte nicht nur materiellen Wert besitzen, sondern auch eine persönliche Note haben. Dieser Wunsch war so stark, dass ich ständig daran dachte, obwohl er auf keiner Geschenkeliste vermerkt war.

Wie es so oft mit wirklichen Herzensanliegen ist, ergab es sich wie von selbst, dass drei Ideen in meinem Kopf Gestalt annahmen. Schneller als erwartet, wusste ich, was jede meiner geliebten Töchter als besonderes Geschenk erhalten sollte. Was dies im Einzelnen war, wird an dieser Stelle natürlich nicht verraten. Nur so viel, dass es sich um drei ausgefallene Gegenstände aus meiner persönlichen Schatzkiste handelte. Und jeder einzelne verkörperte die gewünschte persönliche Note, war Ausdruck der einzigartigen Verbindung und Symbol der Beziehung zueinander. Es fiel mir ganz leicht, ein paar liebevolle Zeilen dazu zu schreiben und alles individuell zu verpacken. Diese Geschenke waren wirklich etwas Besonderes. Und die stille Freude meiner Töchter war gleichermaßen ein großes Geschenk für mich.

Was mir wohl in diesem Jahr einfallen wird?

Ein Kind wächst in mir.
Behutsam nimmt es Raum ein in meinem Körper.
Neues Leben entsteht.
Ehrfurcht vor dem Wunder und tiefe Zuneigung
wachsen dem Kind entgegen.

Ein Kind wächst mit mir.
Behutsam nimmt es seinen eigenen Raum ein.
Eine eigene Persönlichkeit entsteht.
Sie wächst und geht auf eigenen Füßen ihren Weg.

Ein Geschenk Gottes, mein Kind.
Gott selbst schenkt sich in meinem Kind.

Es wächst und ER bleibt
und geht mit meinem Kind.

Advent ist,
wenn ich die Stille
in mir zulasse
in der Ruhelosigkeit
des Alltags.

Advent ist,
wenn Gott in mir
zum Leben erwacht,
ob es nun
in den Kalender passt
oder nicht.

*